BWYDO'R
Teulu

I Nansi Mair a Ffredi, y ddau arbennig

sy'n fy ngalw i'n 'Mami'....

BWYDO'R
Teulu
NIA WYN TUDOR

LLUNIAU
GLYN RAINER

Argraffiad cyntaf: 2022

Ⓗ Hawlfraint Nia Wyn Tudor a'r Lolfa Cyf., 2022

Ⓗ Hawlfraint lluniau: Glyn Rainer; AdobeStock t.100-102

Dymuna'r cyhoeddwyr gydnabod cymorth ariannol Cyngor Llyfrau Cymru.

Rhif llyfr rhyngwladol: 978 1 80099 296 2

Cyhoeddwyd ac argraffwyd yng Nghymru
gan Y Lolfa Cyf., Talybont, Ceredigion, SY24 5HE
e-bost: ylolfa@ylolfa.com
y we: www.ylolfa.com
ffôn: 01970 832304
ffacs: 01970 832782

Cynnwys

RHAGAIR   9

BRECWAST

Bara Pitta Sinamon a Ffrwythau   12

Tost Ffrengig â Thwist Piws   14

Pancos Figan   16

Tosti Ham, Caws ac Afocado   17

Tost Afocado   18

Ceirch Organig   20

Pancos Siocled Mini   21

Myffins Banana   22

Wyau, Bacwn a Sbigoglys   24

Powlen Granola Iachus   25

Pancos Banana, Menyn Cnau a Hadau Llin   26

Omlet   28

Bagel Efrog Newydd   29

Melysion Menyn Cnau Cheerios   30

PRYDAU BWYD

Pasta Afocado   34

Stiw Figan   35

Puprod Wedi'u Stwffio   36

Fritatas Brocoli a Chaws   38

Cacennau Tiwna   39

Pitsa Mozzarella a Sbigoglys   40

Cyrri Tatws Melys a Chorbys Coch   42

Pasta Selsig   44

Cebábs Cyw Iâr   46

Tato Posh   47

Peli Cig Swedaidd   48

Byrgyr Iachus a Sglods Melys   50

Lasagne   52

Risols   54

BYRBRYDAU

Patis Oren	58
Peli Blasus	60
Myffins Sgwidji	61
Cacen Reis Sawrus	62
Peli Egni Hafaidd	63
Hwmws a Llysiau	64
Torth Bicnic	66
Crwst Troellog	68
Cebábs Ffrwythau	70
Pitsa Wrap	72
Fflapjacs Jam Mefus a Chnau Coco	74
Iogwrt a Ffrwythau	76
Bisgedi Cnau	77
Bara Banana	78

PWDINAU

Lolipops Ffrwythau	82
Lolipops Banana a Iogwrt	83
Tarten Fale Mam	84
Pwdin Byns y Grog, Siocled ac Oren	86
Pwdin Jam	88
Pwdin Lemwn	90
Tiramisu Rhwydd	92
Bara Brith	94
Smwddi:	
Mefus, Pinafal a Banana	96
Ceirios a Chnau Melys	96
Gwyrdd	98
Siocled	98
Menyn Cnau a Jeli	98
Llachar	98

Y CWPWRDD BWYD	99
DIOLCHIADAU	103
NODIADAU	104
MYNEGAI	106

Rhagair

Mae bwyd yn chwarae rhan enfawr yn fy mywyd i (dwi'n JOIO byta!), ac fel mam i ddau o blant bach ac fel athrawes sy'n gweithio mewn ysgol uwchradd, mae bywyd yn gallu bod yn hynod o brysur!

Mae'r ffaith 'mod i'n unigolyn sy'n hoffi bod *on the go* yn golygu 'mod i'n gorfod bod yn FWY trefnus nag ydw i fel arfer! Dwi'n credu'n gryf yn y dywediad 'Organisation is key!'

Dwi'n berson lliwgar o ran fy mhersonoliaeth, yn bositif ac yn hapus, a dwi'n ceisio cyfleu'r tri pheth hynny yn fy mhrydau bwyd.

Ar ddechrau'r pandemig yn 2020, newidiodd bywyd i ni fel i bawb arall. Roedd Zack, fy mhartner, adref ac yn methu hedfan ar draws y byd gyda'i waith yn hyfforddi Tîm Bocsio Cymru a finnau'n ceisio dysgu ar-lein – oedd yn sialens heriol ar adegau. Cawsom ein hunain gartref drwy'r dydd, bob dydd, gyda *toddler* ar y pryd, *toddler* oedd wrth ei bodd gyda BWYD! (Roedd hi'n amlwg yn dilyn ei mam!) *Toddler* oedd wrth ei bodd allan yn yr ardd gyda Dad yn paratoi'r ardd ac yn plannu hadau ar gyfer ein llysiau. A dyna pryd wnes i gychwyn y cyfrif Instagram 'Bwydo Rhai Bach' – roedd fy nyddiau yn mynd yn dysgu ar-lein, mynd am dro unwaith y dydd, helpu Zack a Nansi fach yn yr ardd ac yna arbrofi yn y gegin yn coginio. Ac wrth gadw cysylltiad gyda ffrindiau agos dros Zoom yn ystod y cyfnodau clo, fe ddaeth hi i'r amlwg taw un o brif broblemau a rhwystredigaethau teuluoedd ifanc oedd meddwl 'Beth sydd i frecwast? Beth am ginio? Oes rhaid cael swper? O, a beth mae'n rhai bach ni yn mynd i'w fwyta?' Dyma sut ges i'r syniad i greu Bwydo Rhai Bach a rhannu fy ryseitiau, ceisio helpu teuluoedd bach gymaint ag y gallwn i a'u hysbrydoli nhw i arbrofi fel wnaethon ni.

Yn y llyfr yma cewch ryseitiau blasus, cynhwysion syml, defnydd o bethau sydd yn y cypyrddau, prydau sy'n addas ar gyfer teuluoedd sydd â bywydau prysur! Fel y soniais i ynghynt, mae bod yn drefnus yn allweddol, ond rhaid cofio, mae wastad amser i goginio, a chreu prydau ffres, iach a lliwgar.

NIA WYN TUDOR

BRECWAST

Bara Pitta Sinamon a Ffrwythau

CYNHWYSION

- Pitta – 1 bara i bob person
- Menyn
- Powdr sinamon
- Iogwrt plaen
- Llus
- Mwyar duon
- Mefus
- Mafon

(neu unrhyw ffrwyth o'ch dewis chi)

DULL

1. Taenu ychydig o fenyn ar ddarnau o bitta ac ychwanegu ychydig o'r powdr sinamon. Yna eu tostio am 5 munud dan y gril.

2. Unwaith mae'r pittas wedi brownio, eu tynnu o'r ffwrn a'u torri'n ddarnau gyda thorrwr pitsa.

3. Ychwanegu'r cynhwysion eraill, gan ddechrau gyda'r iogwrt ac yna'r ffrwythau i orffen.

Tost Ffrengig â Thwist Piws

CYNHWYSION

Ar gyfer 1 person

- 1 wy
- 1 banana
- Darn o fara
- Menyn
- Llus

DULL

1. Cymysgu'r wy gyda'r banana wedi'i stwnsio ac yna gorchuddio'r darn o fara â'r gymysgedd.

2. Gosod y bara mewn padell ffrio gydag ychydig o fenyn a gosod y llus ar y darnau o fara.

3. Ei droi nes bod y gymysgedd wedi caledu i mewn i'r bara.

Pancos Figan

CYNHWYSION

I wneud 4 pancosen fawr

- 2 gwpanaid o geirch
- 1 wy
- 150ml o laeth ceirch
- Menyn

DULL

1. Cymysgu'r cyfan mewn powlen ac yna arllwys peth ohono i badell ffrio gydag ychydig o fenyn wedi toddi ynddi.

2. Twymo bob pancosen ar y badell am tua 3 munud tan bod y gymysgedd yn eithaf trwchus.

3. Pan fydd y pancos yn dechrau brownio, eu troi a'u coginio ar yr ochr arall cyn eu gweini.

Tosti Ham, Caws ac Afocado

CYNHWYSION

1 1 person

- Menyn
- Bara
- Afocado
- Caws Cheddar
- Ham
  (o'ch dewis chi)

DULL

1. Taenu menyn dros ddwy ochr y bara.

2. Malu'r afocado mewn powlen a'i daenu dros un darn o fara, gratio caws dros y cyfan ac ychwanegu'r ham cyn creu brechdan.

3. Ffrio'r frechdan mewn padell ffrio tan bod y bara yn frown ar y ddwy ochr.

Tost Afocado

CYNHWYSION

Dau ddarn o fara i bob person

- Bara surdoes (*sourdough*)
- Afocado
- Tun o ffacbys (*chickpeas*)
- Sbigoglys (*spinach*)
- Tomatos
- Perlysiau ffres fel persli a mint

DULL

1. Paratoi'r gymysgedd afocado. Torri'r tomatos, y sbigoglys a'r perlysiau yn fân. Gwasgu'r afocado a'i gymysgu gyda'r ffacbys.

2. Ychwanegu'r tomatos, y sbigoglys a'r perslysiau at yr afocado a'r ffacbys.

3. Tostio'r bara surdoes, taenu menyn arno ac yna gwasgaru'r gymysgedd afocado dros y tost trwchus.

Ceirch Organig

CYNHWYSION

Ar gyfer un bowlen

- Cwpanaid o geirch organig
- Llaeth cnau coco
- Hadau *chia*
- Mêl
- Mafon

DULL

1. Gosod cwpanaid o geirch organig mewn sosban a'i orchuddio â'r llaeth cnau coco.

2. Troi'r gwres yn uchel a chadw i droi'r ceirch tan ei fod yn dechrau mynd yn drwchus.

3. Ychwanegu llwyaid o hadau *chia* ac arllwys mêl dros y cyfan.

4. Ei weini gyda mafon ffres.

Pancos Siocled Mini

CYNHWYSION

Digon i 2 berson bach

- 3 wy
- Ychydig o laeth (o'ch dewis chi)
- 3 llwy fawr o fflŵr plaen
- ½ llwy fach o bowdr pobi
- 1 llwy o bowdr coco
- Menyn

DULL

1. Mewn powlen, torri'r 3 wy a'u curo.

2. Ychwanegu ychydig o laeth a chadw i droi'r gymysgedd.

3. Defnyddio whisg electronig wrth ychwanegu fflŵr, powdr pobi a phowdr coco.

4. Ei osod yr yr oergell am awr fach.

5. Twymo padell ffrio a thoddi ychydig o fenyn, sicrhau bod y badell yn boeth iawn cyn arllwys y gymysgedd iddi. Ffrio am 2 funud bob ochr.

6. Pan fyddan nhw'n barod, torri'r pancos yn fach gyda thorrwr arbennig – mae modd prynu rhai siapiau gwahanol ar y we yn rhad.

Myffins Banana

CYNHWYSION

I greu 12 myffin

- 1 wy
- ¼ cwpanaid o olew olewydd
- 1 ¼ cwpanaid o fflŵr codi
- 1 llwy de o bowdr pobi
- 1 ½ llwy de o siwgr brown
- 1 cwpanaid o geirch
- 1 llwy de o bowdr sinamon
- 2 fanana

Ar gyfer top y myffins

- Llwy fwrdd o fenyn wedi toddi
- Llwy fwrdd o siwgr brown
- Llwy fwrdd o geirch
- Llwy de o bowdr sinamon

DULL

1. Cracio wy i mewn i bowlen gymysgu, ychwanegu olew, fflŵr, powdr pobi, siwgr brown, ceirch a phowdr sinamon a chymysgu'n dda.

2. Malu'r bananas a'u hychwanegu i'r gymysgedd.

3. Os yw'r gymysgedd yn sych, ychwanegu ychydig o laeth er mwyn ei gwneud yn fwy llyfn.

4. Arllwys y gymysgedd i duniau myffins ac yna ar gyfer y top – cymysgwch y menyn wedi toddi gyda'r ceirch, y powdr sinamon a'r siwgr brown a gosod y gymygsedd ar ben y myffins, a'u pobi yn y ffwrn am 18 munud ar 180°C.

5. Rhoi cyllell drwy un o'r myffins, ac os yw'r gyllell yn dod allan yn lân mae'r myffins yn barod i'w bwyta!

Wyau, Bacwn a Sbigoglys

CYNHWYSION

I 4 person

- 8 wy
- 1 llwy de o fwstard
- Halen a phupur
- Olew olewydd
- Bacwn wedi'i goginio a'i dorri'n ddarnau bach
- Sbigoglys (*spinach*)
- Caws

DULL

1. Mewn powlen fawr, cymysgu'r wyau gyda whisg ac ychwanegu mwstard, 1 llwy fwrdd o ddŵr ac ychydig o halen a phupur.

2. Twymo'r olew olewydd mewn padell ffrio cyn ychwanegu'r wyau.

3. Coginio'r wyau a'u troi bob hyn a hyn – 2–3 munud ar gyfer wyau meddal.

4. Cymysgu'r bacwn, y sbigoglys a'r caws gyda'r wyau cyn gweini.

Powlen Granola Tachus

CYNHWYSION

- Afal
- Powdr sinamon
- Iogwrt (o'ch dewis chi)
- Granola

DULL

1. Torri'r afal yn ddarnau bach a'u ffrio mewn padell gydag ychydig o ddŵr.

2. Ychwanegu llond llwy de o bowdr sinamon a'u ffrio eto am 4 munud.

3. Gosod y grawnfwyd ar waelod powlen – 1 llwy wastad.

4. Taenu haenen o iogwrt, cyn ychwanegu mwy o rawnfwyd.

5. Ailadrodd y broses ac yna ysgeintio'r afalau â phowdr sinamon a'u rhoi ar ben y cyfan.

Pancos Banana, Menyn Cnau a Hadau Llin

CYNHWYSION

I wneud 4 pancosen

- 2 fanana
- ½ cwpanaid o fflŵr codi
- ½ cwpanaid o geirch
- 1 llwy de o bowdr pobi
- 150ml o laeth ceirch
- Menyn cnau
- Hadau llin (*flax seeds*)
- Menyn

DULL

1. Mewn powlen, prosesu'r holl gynhwysion heblaw'r menyn cnau a'r hadau llin – dim ots ym mha drefn. PWYSIG! Os yw'r gymysgedd yn rhy denau, ychwanegu mwy o geirch yn araf.

2. Twymo ychydig o fenyn mewn padell ffrio gan sicrhau bod y badell yn chwilboeth cyn troi'r gwres i lawr ac ychwanegu'r gymysgedd. Gallwch ffrio'r 4 pancosen am 2 funud bob ochr.

3. Cyflwyno'r pancos fel tŵr, gyda menyn cnau a darnau o fanana rhwng pob pancosen cyn taenu hadau llin dros y cyfan.

Omlet

CYNHWYSION

I 1 oedolyn neu 2 blentyn

- 2 wy
- 1 llwy fwrdd o fenyn
- 2 lwy fwrdd o gaws (o'ch dewis chi)
- 3 i 4 tomato bach – wedi'u torri yn eu hanner gyda ychydig o halen arnynt
- 2 lwy fwrdd o fasil, persli neu unrhyw berlysiau o'ch dewis chi

DULL

1. Mewn powlen, curo'r wyau gyda fforc.
2. Toddi'r menyn mewn padell ffrio.
3. Ychwanegu'r wyau i'r badell, ond peidio â chymysgu tan bod yr ochrau yn dechrau caledu.
4. Rhoi 6 munud i'r wyau goginio.
5. Llenwi'r omlet â chaws, tomatos a pherlysiau i lawr y canol a choginio am funud fach arall.
6. Plygu'r omlet yn ei hanner a'i weini!

Bagel Efrog Newydd

CYNHWYSION

- Bagel Efrog Newydd winwns a chennin syfi (*chives*)
- Menyn
- Pastrami
- Caws
- Tomatos wedi'u sleisio
- Mwstard
- Gercin (*gherkin*)

DULL

1. Sleisio'r bagel yn ddau hanner a'u tostio, ac yna taenu'r menyn drostynt.

2. Adeiladu'r holl gynhwysion fel tŵr tu mewn i'r bagel a rhoi'r hanner bagel arall ar ei ben, a joiwch!

Melysion Menyn Cnau Cheerios

CYNHWYSION

- ¾ cwpanaid o fenyn cnau
- ½ cwpanaid o fêl
- 3 chwpanaid o'r grawnfwyd Cheerios

DULL

1. Gorchuddio gwaelod hambwrdd pobi â ffoil a'i roi i'r naill ochr.

2. Twymo'r menyn cnau a'r mêl tan bod y ddau wedi toddi.

3. Ychwanegu'r Cheerios i'r hylif.

4. Gwasgu'r gymysgedd mewn un haen ar yr hambwrdd pobi cyn ei roi yn yr oergell am o leiaf awr cyn gweini.

PRYDAU BWYD

Gall y rhain fod yn brydau i'r teulu cyfan
– addas i 4 (2 oedolyn a 2 blentyn)

Pasta Afocado

CYNHWYSION

- 2 gwpanaid o basta (o'ch dewis chi)
- 2 afocado
- Garlleg
- Lemwn
- Olew olewydd

DULL

1. Berwi'r pasta.

2. Wrth i'r pasta ferwi, stwnsio afocado, garlleg a sudd lemwn mewn prosesydd bwyd tan bod y gymysgedd yn feddal ac yn llyfn.

3. Draenio'r dŵr o'r pasta ac ychwanegu'r pasta i badell ffrio sydd yn weddol boeth gydag ychydig o olew olewydd.

4. Ychwanegu'r gymysgedd afocado at y pasta yn y badell a'i weini!

Stiw Figan

CYNHWYSION

- 3 shibwnsyn (*spring onions*)
- 2 daten felys
- Teim
- 2 gwpanaid o gorbys gwyrdd (*green lentils*)
- Stoc llysiau
- 1 tun o ffacbys (*chickpeas*)
- Sbigoglys (*spinach*)

DULL

1. Glanhau'r shibwns a'u torri'n ddarnau mân cyn eu ffrio mewn padell ffrio tan iddyn nhw ddechrau brownio.

2. Glanhau'r ddwy daten felys, tynnu'r croen a'u torri'n giwbiau. Berwi'r ciwbiau mewn dŵr berw tan eu bod yn dechrau meddalu.

3. Ychwanegu teim i'r shibwns ac arllwys hanner peint o stoc llysiau drostyn nhw.

4. Troi'r gymysgedd ac yna ychwanegu 2 gwpanaid o gorbys gwyrdd.

5. Gadael i'r cyfan fudferwi tan bod y corbys gwyrdd wedi meddalu.

6. Cyn gweini, ychwanegu'r ciwbiau tatws, y ffacbys a'r sbigoglys a chymysgu popeth yn dda.

Puprod Wedi'u Stwffio

Digon i 3 pherson, neu 2 oedolyn a 2 blentyn – mae modd rhoi hanner yr un i blant.

CYNHWYSION

- Winwns
- Garlleg
- Tomatos ffres
- Reis (o'ch dewis chi)
- Perlysiau (eto o'ch dewis chi, e.e. basil, persli)
- Puprod – beth am un melyn, un coch ac un oren?
- Caws ffeta

DULL

1. Yn gyntaf, paratoi'r llenwad ar gyfer y puprod.

2. Torri winwns, garlleg a thomatos yn fân cyn eu ffrio mewn padell ffrio am o leiaf 5 munud, tan i'r winwns frownio.

3. Berwi reis mewn sosban o ddŵr a phan mae'n barod, ei ychwanegu i'r badell gyda'r cynhwysion blaenorol.

4. Torri perlysiau yn fân a'u cymysgu gyda'r reis. Dyna'r llenwad yn barod!

5. Glanhau tu fewn i'r puprod a'u gosod mewn tun rhostio yn barod ar gyfer y ffwrn.

6. Llenwi'r puprod â'r llenwad a'u rhoi yn y ffwrn ar 180°C am 40 munud.

7. Taenu caws ffeta dros y cyfan cyn eu gweini a'u bwyta.

Fritatas Brocoli a Chaws

CYNHWYSION

- 2 gwpanaid o frocoli wedi'u torri'n ddarnau bach
- 8 wy
- ½ cwpanaid o laeth (o'ch dewis chi)
- 1 cwpanaid o gaws wedi'i gratio
- Ychydig o olew, halen a phupur

DULL

1. Twymo'r ffwrn i 180°C.

2. Berwi'r brocoli mewn sosban o ddŵr berw am 4 munud.

3. Mewn powlen fawr, cymysgu wyau, llaeth ac ychydig o halen a phupur.

4. Yna ychwanegu'r caws i'r gymysgedd wyau.

5. Wedi i'r brocoli ferwi, gadael iddo oeri cyn ei ychwanegu at y gymysgedd.

6. Arllwys y cyfan i dun addas ar gyfer y ffwrn, gan sicrhau bod y tun wedi ei iro ag olew.

7. Cymysgu'r cyfan yn dda cyn ei roi yn y ffwrn am 30 munud.

Cacennau Tiwna

CYNHWYSION

- 1 tun o diwna
- 20g o fenyn
- 4 shibwnsyn (*spring onions*)
- 1 clof garlleg
- 800g o datws wedi'u berwi a'u stwnsio
- 100g o friwsion bara
- Persli ffres wedi'i dorri
- Fflŵr plaen
- 1 wy
- Olew olewydd

DULL

1. Malu'r tiwna ar blât a'i roi i'r naill ochr.

2. Toddi'r menyn mewn padell ffrio, ychwanegu'r shibwns a'r garlleg a'u ffrio am ryw 3 munud. Yna ei adael i oeri ychydig cyn ychwanegu'r tatws sydd wedi'u stwnsio a'r persli ffres.

3. Ychwanegu'r tiwna, a chymysgu'r cyfan.

4. Creu 4 cacen cyn eu gorchuddio â fflŵr.

5. Curo'r wy gyda 2 lwy fwrdd o ddŵr oer.

6. Dipio'r cacennau i mewn i'r wy ac yna eu gorchuddio â'r briwsion bara.

7. Twymo olew olewydd mewn padell ffrio eithaf dwfn a ffrio'r cacennau am 5 munud bob ochr tan eu bod yn euraid eu lliw.

8. Eu gweini gyda salad neu lysiau.

Pitsa Mozzarella a Sbigoglys

DULL

1. Twymo'r ffwrn i 180°C.

2. TOP TIP! Prynwch does o'r siop – mae'n ddigon rhad ac yn rhwyddach na gwneud eich toes eich hun, dwi'n addo!

3. Rhoi ychydig o fflŵr cyn rholio'r toes fel bod modd tynnu a chodi'r pitsa.

4. Rhoi llwyaid o winwns wedi'u carameleiddio dros y toes.

5. Torri darnau o mozzarella a'u gosod ar ben y toes cyn ychwanegu'r sbigoglys.

6. Ei goginio yn y ffwrn am 20 munud, nes i'r caws doddi.

Cyrri Tatws Melys a Chorbys Coch

CYNHWYSION

- 3 taten felys wedi'u torri yn giwbiau a'u coginio ychydig
- Olew olewydd
- 1 winwnsyn bach
- Garlleg
- Powdr cyrri
- Tun o laeth cnau coco
- Tun o domatos
- ½ cwpanaid o gorbys coch (*red lentils*)
- Sbigoglys (*spinach*)
- Persli
- Coriander ffres

DULL

1. Twymo'r olew mewn padell ffrio cyn ychwanegu'r winwns a'r garlleg wedi'u torri yn ddarnau bach.

2. Ysgeintio ychydig o bowdr cyrri dros y ddau gynhwysyn.

3. Ychwanegu tun o laeth cnau coco a thun o domatos at y winwns a'r garlleg.

4. Gadael i'r cyfan fudferwi am 3 munud cyn ychwanegu'r corbys coch.

5. Ar ôl ei droi'n araf am 7 munud arall, ychwanegu'r ciwbiau tatws melys sydd wedi'u coginio.

6. Torri sbigoglys, persli a choriander yn fân, fân, yna gorchuddio'r cyfan gan adael iddo ferwi yn araf bach am 10 munud.

7. Ei weini gyda reis o'ch dewis chi.

Pasta Selsig

CYNHWYSION

- Olew olewydd
- 6 selsig
- 1 winwnsyn
- 2 glof garlleg
- Tun o domatos
- Stoc cyw iâr
- 2 gwpanaid o basta (o'ch dewis chi)
- Tun o bys
- Perlysiau ffres

DULL

1. Twymo'r olew olewydd mewn padell ffrio, torri'r selsig yn ddarnau bach a'u ffrio tan eu bod yn brownio.

2. Ychwanegu'r winwns a'r garlleg wedi'u torri yn fân a'u ffrio am 5 munud gyda'r selsig.

3. Rhoi'r tomatos a'r stoc cyw iâr i mewn i'r badell a gadael y cyfan i ffrwtian am 10 munud.

4. Tra bod y selsig yn ffrwtian, berwi'r pasta mewn sosban ar wahân.

5. Ychwanegu tun o bys i'r selsig ac yna, ar dymheredd isel, gadael iddo ffrwtian am 5 munud fach arall.

6. Ychwanegu'r pasta parod at y selsig a thaenu perslysiau dros y cyfan.

Cebábs Cyw Iâr

CYNHWYSION

I 4 person

- 4 brest cyw iâr wedi'u torri'n giwbiau
- 4 clof garlleg wedi'u malu
- Sinsir wedi'i gratio
- 6 llwy de o olew sesame
- 4 llwy fwrdd o fêl
- 6 llwy fwrdd o saws soy
- 3 leim wedi'u gwasgu

DULL

1. Mewn powlen, cymysgu garlleg, sinsir, olew sesame, mêl, saws soy a sudd y 3 leim.

2. Ychwanegu'r ciwbiau cyw iâr a chymysgu'n dda, gan sicrhau bod y cyw iâr wedi'i wlychu gan y cynhwysion eraill.

3. Ei adael yn yr oergell dros nos.

4. Y diwrnod wedyn, gosod y cyw iâr ar sgiweri cyn eu rhoi dan y gril am 12 munud. Eu troi yn rheolaidd er mwyn sicrhau bod y cig wedi coginio drwyddo.

5. Ei weini gyda nŵdls neu lysiau o'ch dewis chi.

Tato Posh

CYNHWYSION

- 500ml o hufen dwbl
- 500ml o laeth
- 2 glof garlleg
- 6 thaten
- Caws wedi'i gratio (gewch chi ddewis faint o gaws)

DULL

1. Twymo'r ffwrn i 180°C.

2. Rhoi hufen, llaeth a garlleg mewn sosban a'u berwi yn araf.

3. Plicio'r tatws a'u torri'n sleisys tenau a'u rhoi nhw yn yr hufen, llaeth a garlleg a gadael iddo ffrwtian am tua 5 munud, gan droi'r cyfan yn araf.

4. Trsoglwyddo'r tatws a'r hufen i dun pobi dwfn, gratio caws dros y cyfan a'u pobi yn y ffwrn am 30 munud.

Peli Cig Swedaidd

CYNHWYSION

I 8 person

- 1 cwpanaid o friwsion bara
- ½ cwpanaid o laeth
- 35ml o hufen
- 1 wy
- 1 clof garlleg
- ½ llwy de o halen
- ½ winwnsyn wedi'i dorri'n fân
- 500g o fins cig eidion
- 250g o fins porc
- 2 lwy fwrdd o bersli ffres
- 1 llwy fwrdd o fenyn
- 2 lwy de o olew olewydd

Ar gyfer y saws:

- ⅓ cwpanaid o fenyn
- ¼ cwpanaid o fflŵr plaen
- 250ml o stoc llysiau
- 250ml o stoc cig eidion
- 1 cwpanaid o hufen dwbl
- 2 lwy fwrdd o saws soy
- 1 llwy de o fwstard

DULL

1. Mewn powlen fawr, cymysgu briwsion bara gyda llaeth, hufen, wy, garlleg a halen, a gadael i'r briwsion amsugno'r hylif am o leiaf 10 munud.

2. Ychwanegu winwns, cig a phersli a'u cymysgu'n dda â'r dwylo.

3. Rholio'r cyfan yn beli bach – bydd modd gwneud 24 pêl gyda'r gymysgedd yma.

4. Twymo 1 llwy fwrdd o fenyn ac olew olewydd mewn padell ffrio ar dymheredd canolig. Ffrio'r peli cig, eu hanner ar y tro, ac yna'u trosglwyddo i blat twym a'u gorchuddio â ffoil.

5. Ychwanegu'r menyn i mewn gyda'r sudd yn y badell a gadael iddo doddi. Whisgio'r fflŵr i mewn iddo tan ei fod yn diflannu a'r cyfan yn troi'n frown.

6. Arllwys stoc, hufen, saws soy a mwstard i'r gymysgedd yn y badell ffrio.

7. Cymysgu'r cyfan yn dda cyn ailgyflwyno'r peli cig yn ôl i'r badell ffrio am 5 munud.

8. Gweini'r cyfan gyda thatws stwnsh.

Byrgyr Tachus a Sglods Melys

CYNHWYSION

I 2 berson

- 2 daten felys wedi'u torri'n siâp sglodion
- Mêl
- 260g o fins twrci
- 1 winwnsyn coch wedi'i dorri'n fân
- 2 glof garlleg wedi'u gratio
- 1 wy wedi'i guro
- 1 afal wedi'i bilio a'i gratio
- Halen
- 1 llwy fwrdd o baprica
- Letys
- 2 fynsen

DULL

1. Twymo'r ffwrn i 180°C a gosod y tatws melys mewn dysgl. Arllwys mêl dros y cyfan cyn eu rhoi yn y ffwrn am 50 munud.

2. Mewn powlen, cymysgu cig gyda winwns, garlleg, wy ac afal.

3. Gan ddefnyddio'r dwylo, cymysgu'r cyfan yn dda. Ychwanegu ychydig o halen a phaprica.

4. Creu siâp 2 fyrgyr a'u gosod ar hambwrdd pobi, cyn eu rhoi yn y ffwrn am 25 munud, a'u troi hanner ffordd.

5. Pan mae'r tatws melys yn barod, eu gweini ar blât, gosod y byrgyrs mewn byns gyda letys a'u mwynhau!

Lasagne

CYNHWYSION

- Llwy de o olew olewydd
- 1 winwnsyn wedi'i dorri'n fân
- 1 foronen
- 1 coesyn seleri wedi'i dorri'n fân
- 1 clof garlleg
- 250g o fins cig eidion
- Tun o domatos
- 1 llwy fwrdd o bast tomato
- 200ml o stoc cig eidion mewn dŵr berw
- 8–10 darn o basta lasagne (*lasagne sheets*)

Cynhwysion ar gyfer y saws

- 50g o fenyn
- 50g o fflŵr plaen
- 550ml o laeth (o'ch dewis chi)
- Caws parmesan

DULL

1. Twymo'r olew mewn padell ffrio a ffrio winwns, moron, seleri a garlleg tan eu bod yn feddal.
2. Ychwanegu'r mins a'i ffrio tan ei fod wedi brownio.
3. Ychwanegu'r past tomato, y tomatos tun a'r stoc cig eidion ac yna ffrwtian y cyfan am 15 munud. Gwnewch hyn tan bod y gymysgedd yn dechrau sychu.
4. Mewn sosban, toddi'r menyn ar dymheredd isel, ychwanegu'r fflŵr a'i droi tan ei fod yn debyg i bast.
5. Tynnu'r sosban oddi ar y gwres, ychwanegu llaeth a throi cyn ei roi yn ôl ar y gwres a chadw i droi tan bod y saws yn tewhau.
6. Mewn dysgl ffwrn, rhoi'r gymysgedd mins yn gyntaf, yna gosod darn o basta lasagne ac yna'r saws ac ailadrodd y broses tan iddo gyrraedd top y ddysgl.
7. Ysgeintio'r parmesan ar ei ben a'i bobi yn y ffwrn am 45 munud ar 180°C.
8. Mae modd rhewi'r lasagne os dymunwch.

Risols

CYNHWYSION

- 500g o fins cig eidion
- ¾ winwnsyn wedi'i dorri'n fân
- 4 wy
- Saws coch
- Saws Worcestershire
- Saws BBQ
- Ychydig bach o saws soy
- 1 clof garlleg wedi'i stwnsio
- Perslyisau
- Fflŵr
- Olew olewydd

DULL

1. Cymysgu popeth (ar wahân i'r fflŵr a'r olew) mewn powlen ac yna ei orchuddio â ffoil a'i adael yn yr oergell am 3 awr.

2. Rhannu'r gymysgedd i greu peli mawr – gallwch greu 8 pelen – cyn eu rholio mewn fflŵr.

3. Mewn padell ffrio ar dymheredd canolig, twymo'r olew a ffrio'r risols tan iddyn nhw frownio a choginio drwodd.

BYRBRYDAU

Patis Oren

CYNHWYSION

I wneud 8 pati bach

- 1 daten felys
- Hadau *chia*
- 1 banana
- Ceirch
- Fflŵr
- Powdr sinamon

DULL

1. Pilio'r daten felys a'i thorri'n giwbiau a'u berwi tan eu bod yn feddal.

2. Ychwanegu 2 lwy fwrdd o ddŵr at yr hadau *chia*.

3. Gadael i'r daten felys oeri cyn ychwanegu'r banana a'u stwnsio.

4. Troi'r gymysgedd gyda'r hadau *chia*.

5. Ychwanegu llond llaw o geirch, fflŵr a phowdr sinamon i'r gymysgedd a chreu rhyw fath o does cyn ei rolio'n beli bach.

   TOP TIP! Defnyddiwch ddwylo gwlyb i wneud hyn!

6. Gosod y peli ar hambwrdd pobi gan eu gwasgu â fforc wlyb i wneud siâp patis.

7. Eu coginio yn y ffwrn am 15 munud ar 180°C.

Peli Blasus

CYNHWYSION

- ½ cwpanaid o geirch
- 2 lwy fwrdd o hadau llin (*flax seeds*)
- 4 llwy fwrdd o fenyn cnau
- Llond llaw o gwrens
- 4 llwy fwrdd o fêl

DULL

1. Cymysgu'r cyfan mewn powlen a'i gadw yn yr oergell am awr.

2. Rhannu'r gymysgedd er mwyn creu 8 pêl fach.

3. Eu gosod yn yr oergell er mwyn i'r peli bach setio.

Myffins Sgwidji

CYNHWYSION

I greu 8 myffin bach

- 100g o fflŵr codi
- 2 wy
- Caws (rydyn ni'n lico tipyn!)
- Ham
- 4 tomato bach
- Siytni (o'ch dewis chi)

DULL

1. Rhoi'r fflŵr mewn powlen gymysgu ac ychwanegu'r wyau a'r caws wedi'i gratio.

2. Torri darnau bach o ham, haneru'r tomatos bach ac ychwanegu siytni.

3. Cymysgu'r cyfan cyn gosod y gymysgedd mewn tun neu hambwrdd silicon myffins ac yna yn y ffwrn ar 180°C am 20 munud.

Cacen Reis Sawrus

1. Taenu menyn cnau dros y gacen reis.
2. Ysgeintio siafins cnau coco arno.
3. Arllwys ychydig o fêl dros y gacen reis.

Peli Egni Hafaidd

CYNHWYSION

- 1 foronen
- 1 oren
- Ychydig o sudd oren
- 1 llwy de o fenyn cnau
- 1 llwy de o fêl
- I llwy fwrdd o hadau *chia*
- Ceirch
- Siafins cnau coco

DULL

1. Gratio moron yn fân a'i roi mewn powlen.

2. Gratio croen oren ac ychwanegu ychydig o sudd oren.

3. Rhoi llwyaid o fenyn cnau, hadau *chia* a mêl i mewn i'r bowlen a throi'r cyfan yn dda.

4. Ychwanegu ceirch tan bod y gymysgedd yn dechrau caledu.

5. Creu peli gyda'ch dwylo – gwlychwch eich dwylo fel bod y gymysgedd ddim yn glynu rhwng eich bysedd.

6. Gosod y peli ar hambwrdd ac yna, ar blât, arllwys ychydig o siafins cnau coco.

7. Rholio'r peli yn y siafins – a dyna ni, y Snac Perffaith!

Hwmws a Llysiau

Dyma ddau rysáit hwmws gwahanol. Cymysgwch y cynhwysion i gyd yn y prosesydd bwyd a mwynhewch yr hwmws gyda llysiau ffres, fel ciwcymbyr, moron neu bupur coch.

HWMWS BETYS (*BEETROOT*)

- 2 fetysen
- 2 lwy fwrdd o ffacbys o'r tun (*chickpeas*)
- 1 clof garlleg
- Llwy de o olew olewydd

HWMWS PYS A MINT

- Mint (dewiswch chi faint i'w roi)
- 2 lwy fwrdd o ffacbys
- 2 lwy fwrdd o bys
- Llond llaw o sbigoglys (*spinach*)
- Llwy de o olew olewydd

Torth Bicnic

CYNHWYSION

- Torth (o'ch dewis chi)
- Menyn
- Garlleg
- Caws mozzarella
- Ham (eto o'ch dewis chi)
- Sbigoglys (*spinach*)
- Tomatos bach

DULL

1. Twymo'r ffwrn i 180°C yn barod ar gyfer y dorth wedi'i stwffio.

2. Torri'r dorth yn dafelli, ond nid reit i'r gwaelod.

3. Toddi menyn ac ychwanegu garlleg wedi'i dorri'n fân i greu menyn garlleg.

4. Taenu'r menyn garlleg rhwng y tafelli bara.

5. Stwffio'r dorth gyda chaws, ham, tomatos a sbigoglys a'i phobi yn y ffwrn am 10 munud.

6. Rhwygo'r dorth a'i rhannu. Grêt ar gyfer picnic neu farbeciw.

Crwst Troellog

CYNHWYSION

- Crwst parod (wedi'i brynu o'r siop)
- Past tomato
- Caws
- Wy

DULL

1. Rholio'r crwst yn fflat.

2. Taenu past tomato dros y crwst ac ysgeintio caws wedi'i gratio ar ei ben.

3. Torri'r crwst yn ddarnau hir, tenau a'u rholio, cyn brwsio wy wedi'i guro ar y crwst, yna ei bobi yn y ffwrn am 15 munud ar 180°C.

Cebábs Ffrwythau

CYNHWYSION

Mae'r cebábs yma yn gweithio gyda phob math o ffrwythau, felly
ewch amdani a joiwch. Byddwch yn greadigol a gwnewch iddyn
nhw edrych yn lliwgar!

Pitsa Wrap

CYNHWYSION

- *Wrap* gwenith cyflawn
- Tomatos ffres
- Caws
- Pinafal

DULL

1. Mewn prosesydd bwyd, cymysgu'r tomatos wedi'u torri i greu saws.

2. Gorchuddio'r *wrap* â'r saws tomato, gratio'r caws drosto ac yna gosod darnau o binafal ar ei ben.

3. Ei roi dan y gril am 5 munud. Rhwydd!

Fflapjacs Jam Mefus a Chnau Coco

CYNHWYSION

- 250g o geirch
- 125g o fenyn wedi'i doddi
- 125g o siwgr brown
- 3 llwy fwrdd o Golden Syrup
- Olew cnau coco
- Jam mefus
- Siafins cnau coco

DULL

1. Cymysgu'r ceirch, y menyn, y siwgr a'r Golden Syrup mewn powlen gymysgu.

2. Iro tun gydag olew cnau coco yn barod ar gyfer ffwrn 180°C – rhoi hanner y gymysgedd yn y tun, taenu jam drosto a rhoi ychydig o siafins cnau coco, ac yna ychwanegu gweddill y gymsgedd fflapjac.

3. Ei bobi yn y ffwrn am 20 munud.

4. Ei adael i oeri cyn ei dorri'n 6 darn mawr. Hyfryd!

Iogwrt a Ffrwythau

Dyw hwn ddim yn rysáit ond mae'n rhywbeth sydd wastad yn gweithio yn ein tŷ ni fel byrbryd bach cyflym ac iach.

CYNHWYSION

- Iogwrt o'ch dewis chi
- Ffrwythau sydd ar ôl yn yr oergell
- Er mwyn ei wneud yn ddeniadol rhowch yr iogwrt mewn powlen ffansi, ac yna'i addurno'n hort gyda ffrwythau o'ch dewis chi.

Bisgedi Cnau

CYNHWYSION

I greu 4 bisged

- ½ cwpanaid o fenyn cnau
- 4 cneuen cashew wedi'u rhostio
- ¼ cwpanaid o hadau llin (*flax seeds*)
- Mêl

DULL

1. Cymysgu menyn cnau a hadau mewn powlen gymysgu, ychwanegu'r mêl a chymysgu'r cyfan yn dda.

2. Cymryd 1 llwy de o'r gymysgedd a'i rolio'n bêl fach.

3. Gosod cneuen cashew yn y canol. Mwynhewch!

Bara Banana

CYNHWYSION

- 140g o fenyn wedi meddalu
- 100g o siwgr brown
- 2 wy wedi'u curo
- 140g o fflŵr codi
- 1 llwy de o bowdr pobi
- 2 hen fanana (ac 1 banana ffres fel addurn, os dymunwch)
- 1 llwy de o bowdr sinamon

DULL

1. Twymo'r ffwrn i 180°C.

2. Paratoi'r tun (dwi'n defnyddio tun torth) drwy daenu menyn arno, neu defnyddiwch bapur pobi.

3. Cymysgu'r menyn a'r siwgr yn dda, ac yna yn araf ychwanegu'r 2 wy ac ychydig o'r fflŵr codi.

4. Wedi cymysgu'r cynhwysion ychwanegu gweddill y fflŵr gyda'r powdr pobi, y powdr sinamon a'r 2 hen fanana wedi'u gwasgu.

5. Gosod y gymysgedd yn y tun ac yna, torri banana ar ei hyd i lawr y canol a gosod y ddau ddarn ar ben y gymysgedd.

6. Ei goginio am tua 50 munud yn y ffwrn, ond mae modd ei fonitro ar ôl 40 munud, trwy roi cyllell ynddo i weld a yw'r gymysgedd yn wlyb neu beidio yn y canol.

7. Ei adael i oeri am 10 munud cyn ei weini gyda phaned o de!

PWDINAU

Lolipops Ffrwythau

CYNHWYSION

I wneud 6 lolipop

- 1 banana wedi'i dorri yn ddarnau
- Llond llaw o fefus a mafon
- Dŵr cnau coco

DULL

- Cymysgu'r cynhwysion a rhoi'r cyfan mewn mowldiau arbennig ar gyfer y rhewgell, ac yna'u rhewi dros nos. Perffaith ar gyfer tywydd twym.

Lolipops Banana a Iogwrt

CYNHWYSION

I wneud 6 lolipop

- Iogwrt plaen
- Mêl
- Cnau almond wedi'u malu (*ground almonds*)
- Siafins cnau coco
- Darnau bach o siocled
- Potiau bach, ar gyfer y rhewgell
- Ffyn lolipop

DULL

1. Mewn powlen, rhoi 2 gwpanaid o iogwrt plaen, ychwanegu'r mêl, cnau almond, siafins cnau coco, darnau bach o siocled a chymysgu'r cyfan.

2. Rhoi'r gymysgedd mewn potiau bach iogwrt.

3. Rhoi ffyn lolipop yng nghanol pob potyn bach ac i mewn â nhw i'r rhewgell dros nos.

4. Lolipops perffaith, iachus!

Tarten Fale Mam

CYNHWYSION

- 110g o farjarîn
- 110g o lard
- 450g o fflŵr plaen
- 4 afal coginio wedi'u torri'n sleisys
- 100g o siwgr
- Llaeth

DULL

1. Cymysgu marjarîn, lard a fflŵr i greu briwsion.

2. Ychwanegu hanner cwpanaid o ddŵr oer a chreu toes ar gyfer y darten.

3. Mewn sosban, meddalu'r afalau gyda siwgr a 2 lwy fwrdd o ddŵr.

4. Rholio'r toes yn fflat, a'i dorri yn ei hanner fel bod gwaelod a thop i'w gael i'r darten. Gosod un darn ar waelod dysgl tarten – gwnewch yn siŵr eich bod wedi rhoi ychydig o fenyn ar y gwaelod.

5. Gosod yr afalau ar yr haenen o does ac yna rhoi gweddill y toes ar y top, ei frwsio â llaeth, ysgeintio ychydig o siwgr drosto, a'i bobi yn y ffwrn am 35 munud ar 180°C.

Pwdin Byns y Grog, Siocled ac Oren

CYNHWYSION

- 4 Bynsen y Grog (*Hot Cross Buns*)
- Menyn
- Marmalêd
- 250ml o laeth
- 2 wy
- 2 lwy fwrdd o siwgr
- Oren
- Darnau bach o siocled

DULL

1. Twymo'r ffwrn i 180°C.

2. Torri'r byns yn eu hanner a rhoi menyn a marmalêd ar bob hanner.

3. Gosod y byns mewn hambwrdd pobi yn barod ar gyfer y ffwrn.

4. Mewn jwg, rhoi llaeth, 2 wy a 2 lwy fwrdd o siwgr a'u cymysgu'n dda.

5. Arllwys y cyfan dros y byns.

6. Ysgeintio darnau bach o siocled dros y cyfan a gratio croen oren.

7. Eu pobi yn y ffwrn am 30 munud.

Pwdin Jam

CYNHWYSION

- 175g o fflŵr codi
- 175g o fenyn
- 175g o siwgr
- 3 wy
- 200g o jam mefus neu fafon

DULL

1. Twymo'r ffwrn i 200°C.

2. Iro tun pobi neu dun cacen ag ychydig o fenyn.

3. Cymysgu menyn, siwgr, fflŵr ac wyau tan bod y gymysgedd yn llyfn.

4. Taenu jam ar waelod y tun pobi cyn gosod y gymysgedd dros y cyfan.

5. Ei bobi yn y ffwrn am 25 munud – tan bod lliw euraid arno.

6. Wrth droi'r sbwng allan o'r tun bydd y jam ar y top.

7. Ei weini gyda chwstard neu hufen iâ.

Pwdin Lemwn

CYNHWYSION

- 100g o siwgr
- 100g o fenyn meddal
- 100g o fflŵr codi
- 2 wy
- Sudd lemwn
- 4 llwy fwrdd o geuled lemwn (*lemon curd*)

DULL

1. Cymysgu siwgr, menyn, fflŵr, wyau a sudd lemwn mewn powlen gymysgu tan i'r gymysgedd droi'n hufennog.

2. Gosod y gymysgedd mewn tun pobi a'i roi yn y ffwrn am 30 munud ar 180°C.

3. Twymo'r ceuled lemwn am 30 eiliad mewn meicrodon neu mewn sosban cyn ei arllwys dros y cyfan.

4. Perffaith! Syml! Rhwydd!

Tiramisu Rhwydd

CYNHWYSION

- 3 llwy de o goffi
- 3 llwy fwrdd o wirod (*liqueur*) coffi, fel Tia Maria
- 250g o mascarpone
- Tun o laeth tew (*condensed milk*)
- 1 llwy de o rin fanila (*vanilla essence*)
- 6 stribed o sbwng
- 1 llwy de o bowdr coco

DULL

1. Cymysgu coffi gyda dŵr berwedig mewn cwpan bach.

2. Ychwanegu'r gwirod ato, gyda 75ml o ddŵr oer, a'i roi i'r naill ochr am y tro.

3. Cymysgu mascarpone, llaeth tew a fanila gyda whisg, gan sicrhau bod y gymysgedd yn hufennog, yn llyfn ac yn drwchus.

4. Torri'r sbwng yn ddarnau a'u gosod yn y coffi am ychydig eiliadau.

5. I'w weini, gosod y sbwng mewn powlen wydr, arllwys y gymysgedd hufennog dros y cyfan a hidlo powdr coco drosto.

Bara Brith

CYNHWYSION

- 80g o gnau Ffrengig sych
- 450g o ffrwythau sych cymysg
- 225g o siwgr Demerara
- 300ml o de twym
- 1 wy wedi'i guro'n dda
- 450g o fflŵr codi
- 75g o fenyn

DULL

1. Rhoi'r cnau, y ffrwythau sych, y siwgr a'r te mewn powlen a'u gadael dros nos i amsugno'r hylif.

Y diwrnod wedyn:

2. Ychwanegu'r wy, y fflŵr a'r menyn a chymysgu popeth yn dda.

3. Rhoi'r gymysgedd mewn 2 dun torth a'u pobi am tua awr mewn ffwrn 180°C.

Smwddis

Mae dull y smwddis yn hollol syml – prosesu'r cyfan mewn peiriant ac mae ganddoch chi ddiod iachus sy'n llenwi twll.

TOP TIP! Defnyddiwch ffrwythau o'r rhewgell i wneud eich smwddis – mi fyddan nhw'n fwy llyfn.

Mefus, Pinafal a Banana

Rhoi'r ffrwythau mewn peiriant prosesu a gweini'r smwddi mewn gwydr oer o'r rhewgell a mefusen ffres ar y top.

Ceirios a Chnau Melys

- 1 banana
- Cwpanaid o geirios wedi'u rhewi
- Cwpanaid o sbigoglys (*spinach*)
- 1 llwy fwrdd o fenyn almond
- 1 llwy fwrdd o rin fanila
- ¼ llwy de o gnau almond wedi'u malu'n fân
- ½ cwpanaid o laeth almond

Gwyrdd

- 2 gwpanaid o ddŵr cnau coco
- 2 gwpanaid o sbigoglys (*spinach*)
- 3 chwpanaid o binafal, peren, afal, afocado, oren
- Gratio ychydig o sinsir ffres a 5 deilen o fint ffres o'r ardd

Siocled

- 1 cwpanaid o laeth ceirch siocled
- ½ banana
- 2 lwy de o bowdr siocled
- ½ llwy de o rin fanila

Menyn Cnau a Jeli

- 1 banana wedi'i rewi
- 2 lwy de o fenyn cnau llyfn
- Cwpanaid o fefus
- ½ cwpanaid o laeth almond

Llachar

- ¾ cwpanaid o fafon
- ½ cwpanaid o fetys (*beetroot*)
- 2 lwy de o sudd leim
- 6 deilen mint
- 2 gwpanaid o ddŵr

Y CWPWRDD

Bwyd

Pan mae rhywun yn gofyn, "Beth sy'n rhaid ei gael yn eich cwpwrdd?" dyma'r pethau sydd wastad yn ein cypyrddau neu'n hoergell ni! Pam mae'r 10 peth yma yn bwysig i ni, a sut i'w defnyddio yn y modd mwyaf effeithiol.

1. Afocados

Mae afocados yn gallu bod yn ddrud mewn archfarchnadoedd, ond maen nhw werth pob ceiniog. Mae pawb yn sôn eu bod nhw'n llawn braster, ond pam peidio cael braster yn eich deiet os gall fod yn fraster iachus!

- Gwasgwch yr afocado yn gyntaf i weld ydy e'n barod i'w fwyta – dylai fod ychydig bach yn feddal.

- Mae lemwn a leim yn paru'n dda ag afocado, a'r sudd yn ei stopio rhag troi'n frown.

2. Bananas

Mae bananas yn llawn potasiwm, ac felly'n wych ar gyfer y galon, y cyhyrau a'r system nerfol. Mae bananas hefyd yn llawn fitamin B6, sy'n cryfhau'r system imiwnedd ac sy'n ymladd yn erbyn germau.

- Mae'r bananas ar eu gorau pan maen nhw'n dechrau cael smotiau du arnyn nhw.

- Yr amser gorau i fwyta bananas yw yn y bore!

3. Mefus

Mae mefus yn ffefrynnau yn ein tŷ ni. Maen nhw'n edrych yn ddiddorol (i blentyn bach), yn llawn sudd, yn hynod o iachus ac yn isel mewn carbohydradau a chaloriau. Dyma'r snac perffaith.

- Pan mae'r mefus yn dechrau meddalu, berwch nhw gydag ychydig o siwgr i greu jam.

4. Hadau *chia*

Mae'r rhain yn cael eu cydnabod fel un o'r *superfoods* ac yn blasu fel cnau. Maen nhw'n llawn ffibr, magnesiwm a chalsiwm, felly pam fyddech chi ddim yn cyflwyno'r hadau bach yma i'ch prydau bwyd?

- Ysgeintiwch nhw dros geirch yn y bore ac ychydig o fêl cyn cymysgu'r cyfan – powlaid iachus i ddechrau'r diwrnod!

5. Puprod

Beth am ychwanegu lliw i'ch pryd bwyd? Mae puprod coch, melyn, oren a gwyrdd yn berffaith ar gyfer hynny. Mae modd eu defnyddio mewn stiwiau figan, neu gyda salad oer ar ddiwrnod braf o haf. Maent yn felys ac yn cynnwys gwrthwenwynau (*antitoxins*), a Fitamin C sy'n fitamin arbennig wrth geisio ymladd yn erbyn annwyd.

- Cadwch nhw yn yr oergell er mwyn iddyn nhw bara yn hirach!

6. Ceirch

Mae modd defnyddio ceirch mewn cymaint o wahanol ffyrdd. Beth am greu pancos ceirch, cael powlen o geirch i frecwast, neu goginio byrbrydau melys fel fflapjacs? Mae ceirch yn hynod o iachus ac yn llesol iawn i'r perfedd.

- Gosodwch geirch mewn powlen gyda llaeth dros nos, ac yn syml rydych chi wedi creu powlen llawn egni!

7. Wyau

Mae wyau yn llawn protein maethlon ac mae eu defnydd yn ddi-ben-draw. Mae modd berwi, potsio, sgramblo a ffrio wyau, neu wneud omlet syml trwy ychwanegu ychydig o gaws!

- Er mwyn gweld a yw'r wyau wedi dechrau pydru, rhowch nhw mewn powlen o ddŵr. Os ydyn nhw'n suddo i'r gwaelod maen nhw'n ffres, ond os ydyn nhw'n arnofio taflwch nhw!

9. Tatws

Mae tatws yn llysieuyn sy'n iach i'r esgyrn ac i'r galon, ac sy'n wych ar gyfer y croen. Mae cymaint o fanteision wrth fwyta tatws – rydyn ni'n dueddol o'u bwyta dair gwaith yr wythnos mewn gwahanol ffyrdd.

- Peidiwch gwastraffu eich tatws – os oes tatws wedi'u stwnsio ar ôl o'r diwrnod cynt, ffrïwch nhw gyda brocoli i wneud Bubble and Squeak sy'n boblogaidd iawn yn ein tŷ ni!

8. Llaeth ceirch

Mae'n flasus, yn llawn fitaminau ac yn uchel mewn ffibr.

- Mae'n cynnwys 50% o Fitamin B12 sy'n rhoi egni i chi, a 27% o galsiwm sydd ei angen arnoch yn ddyddiol.

10. Hadau llin

Mae'r rhain yn hynod o flasus gyda menyn cnau ar bancos. Mae'r hadau yma yn llawn brasterau Omega 3, ac yn helpu'r gwallt i dyfu.

- Os ydych chi'n ychwanegu dŵr at hadau llin, mae modd eu defnyddio nhw i greu pancos yn hytrach na defnyddio wy!

Diolchiadau

Diolch i bawb sydd wedi bod yn rhan o'r broses o greu'r llyfr. Ond mae'r diolch mwyaf i Nansi Mair am dreialu bwydydd newydd a rhoi ei barn yn hollol onest, ac i Ffredi am fwyta pob math o fwydydd – mae'r dystiolaeth yn y llyfr! Hoffwn ddiolch yn fawr i Zack am fod yn gefnogol, a chynnig sylwadau adeiladol; i deulu a ffrindiau am ofalu am y plant tra 'mod i'n brysur yn paratoi'r gyfrol; i Glyn Rainer am weld yr un weledigaeth â fi, a llwyddo i gipio'r lliwiau a'r manylder yn y lluniau; i Dylunio GraffEG am greu llyfr ymarferol a deniadol. Fyddai hyn i gyd ddim yn bosib heb gefnogaeth y Lolfa, felly diolch o waelod calon am wneud hyn yn bosib a bod mor gefnogol trwy'r broses gyfan.

Nodiadau

Mynegai

Bagel Efrog Newydd	29	Iogwrt a Ffrwythau	76
Bara Banana	78	Lasagne	52
Bara Brith	94	Lolipops Banana a Iogwrt	83
Bara Pitta Sinamon a Ffrwythau	12	Lolipops Ffrwythau	82
Bisgedi Cnau	77	Melysion Menyn Cnau Cheerios	30
Byrgyr Iachus a Sglods Melys	50	Myffins Banana	22
Cacen Reis Sawrus	62	Myffins Sgwidji	61
Cacennau Tiwna	39	Omlet	28
Cebábs Cyw Iâr	46	Pancos Banana, Menyn Cnau a Hadau Llin	26
Cebábs Ffrwythau	70	Pancos Figan	16
Ceirch Organig	20	Pancos Siocled Mini	21
Crwst Troellog	68	Pasta Afocado	34
Cyrri Tatws Melys a Chorbys Coch	42	Pasta Selsig	44
Fritatas Brocoli a Chaws	38	Patis Oren	58
Fflapjacs Jam Mefus a Chnau Coco	74	Peli Blasus	60
Hwmws a Llysiau	64	Peli Cig Swedaidd	48

Peli Egni Hafaidd	63	Stiw Figan	35
Pitsa Mozzarella a Sbigoglys	40	Tarten Fale Mam	84
Pitsa Wrap	72	Tato Posh	47
Powlen Granola Iachus	25	Tiramisu Rhwydd	92
Puprod Wedi'u Stwffio	36	Torth Bicnic	66
Pwdin Byns y Grog, Siocled ac Oren	86	Tost Afocado	18
Pwdin Jam	88	Tost Ffrengig â Thwist Piws	14
Pwdin Lemwn	90	Tosti Ham, Caws ac Afocado	17
Risols	54	Wyau, Bacwn a Sbigoglys	24

Smwddis:

Ceirios a Chnau Melys	96
Mefus, Pinafal a Banana	96
Gwyrdd	98
Llachar	98
Menyn Cnau a Jeli	98
Siocled	98